Nitin Mane

Um homem sem

Nitin Mane

Um homem sem

Uma busca de identidade pessoal

ScienciaScripts

Imprint

Cover image: www.ingimage.com

This book is a translation from the original published under ISBN 978-3-330-33333-8.

Publisher:
Sciencia Scripts
is a trademark of
Dodo Books Indian Ocean Ltd. and OmniScriptum S.R.L publishing group

120 High Road, East Finchley, London, N2 9ED, United Kingdom
Str. Armeneasca 28/1, office 1, Chisinau MD-2012, Republic of Moldova, Europe
Managing Directors: Ieva Konstantinova, Victoria Ursu
info@omniscriptum.com

Printed at: see last page
ISBN: 978-620-8-57099-6

AGRADECIMENTOS

À minha mãe e ao meu pai: obrigado pelas vossas bênçãos e pelo vosso apoio.
Aos meus irmãos e irmãs: vocês motivam-me a trabalhar de forma inteligente e a obter bons resultados na vida.
Stacey Cabaj: Muito obrigada pelo seu apoio, aconselhamento e orientação excepcionais enquanto trabalhava na minha tese e no meu programa de mestrado. É a minha professora ideal.
Nick Erickson: Muito obrigado pelo vosso cuidado, apoio e crença em mim como artista. Rick Holden: Muito obrigado pelo vosso interesse, comentários atenciosos e conselhos sobre o meu trabalho final.
Ao Dr. Femi Euba: Obrigado pela sua confiança em mim como artista e dramaturgo.
Obrigado pelos vossos conselhos, apoio e comentários sobre este trabalho.
Aos meus colegas de turma: aprendi muito com todos vós. O vosso trabalho nos estúdios de teatro, voz e movimento inspirou-me.

ÍNDICE DE CONTEÚDOS

INTRODUÇÃO

Quando me inscrevi no programa de Mestrado em Representação da Universidade Estatal do Louisiana, conhecia o âmbito e os objectivos do meu projeto de licenciatura. Tinha de pesquisar, escrever e dirigir uma peça de uma só mulher que reflectisse a minha estética artística, as minhas capacidades de representação e a minha visão do teatro na sociedade. Quando vivi na Índia e nos Estados Unidos, o fundamentalismo religioso e o conflito eram temas sociais frequentes. Por isso, escolhi o fundamentalismo religioso como tema da minha tese. Personalizei este tema global, estudando-o através da luta de uma única pessoa com a sua identidade pessoal e religiosa. A minha tese descreve a provação de um homem multi-religioso que tenta provar a sua moralidade de acordo com os valores rígidos das três grandes religiões do mundo. Através desta história, quero sugerir que o dogma religioso abandona um homem inocente. Esta premissa foi apoiada pelo corpo docente, pelo meu comité de tese e pela trupe de actores M.F.A. Comecei a trabalhar na tese no verão de 2016, e o projeto culminou em duas actuações bem sucedidas em dezembro de 2016.

Quando estava a crescer na Índia, tinha amigos de diferentes religiões. Visitava os seus templos, mesquitas, igrejas e gurudwaras. Não me sentia diferente quando brincava, partilhava comida ou livros com amigos de outras religiões. Mas à medida que fui crescendo, muitos acontecimentos e incidentes fizeram-me compreender que o conflito religioso é generalizado e perigoso. Estava em Bombaim quando o hotel Taj foi atacado e quando houve uma série de atentados bombistas em comboios. Assisti na televisão aos atentados de 11 de setembro nos Estados Unidos. Li sobre uma criança de três anos que foi salva por um homem transgénero durante os motins em Mumbai. Por último, vi vários filmes, incluindo *Bombaim, Rose, Black Friday, Firaaq, Wednesday* e *Hey Ram,* em que fanáticos religiosos matam impiedosamente pessoas inocentes. Estes filmes centram-se na situação difícil dos hindus e muçulmanos da classe média, que receiam a possibilidade de agitação. Isto levou-me a pensar seriamente sobre o fundamentalismo religioso e o seu papel na destruição do mundo. No início, concentrei-me nas tensões entre hindus e muçulmanos, mas depois do 11 de setembro de 2001 fiquei cada vez mais consciente das tensões entre os países islâmicos e o Ocidente predominantemente cristão. Tentei então saber mais sobre estas religiões para compreender as razões da agitação entre elas.

A Índia é um país de muitas religiões, culturas, grupos étnicos, castas e línguas. Seria difícil enumerar todos os factores que diversificam a nação indiana. Como diz o académico indiano Roy Babul, "unidade na diversidade" é o lema da nação (Roy 441). A Índia é o lar de muitas religiões, como o hinduísmo, o budismo, o jainismo e o sikhismo. Os governantes islâmicos trouxeram o Islão para o país e a colonização europeia trouxe o Cristianismo. Os migrantes trouxeram outras religiões, como o parsismo e o judaísmo. O grupo étnico indiano moderno é uma combinação de caucasianos (arianos), que imigraram para o país há três mil anos, e de dravidianos indígenas. Os mongolóides vivem principalmente na parte nordeste do país. O país é também o lar de muitas línguas, castas e culturas diferentes. Apesar desta grande diversidade, a convivência entre os povos é relativamente pacífica. Após um longo período de guerra, os grupos étnicos arianos e dravidianos começaram a conviver pacificamente, tal como os hindus e os muçulmanos. No entanto, desde o final do século XX até à atualidade, as guerras religiosas entre hindus e muçulmanos, alimentadas pelas ambições políticas dos britânicos e, posteriormente, dos partidos indianos, têm sido uma das principais causas de agitação civil.

As tensões religiosas e raciais também são elevadas nos Estados Unidos. Desde os acontecimentos de 11 de setembro, muitos americanos tornaram-se islamofóbicos. Isto, por sua vez, pode levar à xenofobia ou ao ódio contra todos os sul-asiáticos e pessoas do Médio Oriente, que constituem quase 40% da população mundial. Mesmo no seio da principal religião americana, o cristianismo, certas denominações impõem restrições à aceitação de outras fés.

Tal como os meios de comunicação social têm documentado amplamente, a desigualdade racial tem sido e continua a ser um dos principais problemas cívicos do país.

O ódio extremo que resulta destas divisões conduz a guerras civis que são como feridas a sangrar. Muitas sociedades em todo o mundo sofrem deste tipo de guerras internas. Alguns exemplos: populações hindus e muçulmanas na Índia, descendentes de africanos e europeus na América, facções xiitas e sunitas em países islâmicos e entre denominações cristãs em países cristãos. A causa da maioria destas guerras é o ódio contra pessoas de religião, etnia, casta ou credo diferentes. Muitos fanáticos acreditam que a solução definitiva para o problema é exterminar os outros grupos e tentar criar uma sociedade homogénea da sua própria espécie. No entanto, uma análise cuidada mostrará que isso é impossível. Os indivíduos são demasiado diferentes em termos de capacidades, ambição e moralidade. Enquanto uns tentam criar um grupo étnico homogéneo, outros inventam formas de ser novas e únicas. Como estas duas forças estarão constantemente em ação, a homogeneidade global em termos de etnia, religião, casta e língua é impossível. A decisão mais sensata é adotar a "unidade na diversidade" acima referida.

Com base nestas circunstâncias realistas, escrevi uma história de ficção sobre um homem que pratica as três grandes religiões do mundo. Ele e a sua família foram expostos ao ódio e à violência durante meio século. Ao ter aulas de teatro com o Dr. Femi Euba, descobri uma abordagem estrutural para escrever peças e monólogos. Embora me fascinasse a ideia de interpretar várias personagens, era difícil fazê-lo eficazmente para um público sem contexto. Por fim, decidi escrever um monólogo padrão intitulado

No primeiro capítulo, falarei sobre as minhas experiências de investigação, escrita e ensaio da minha peça. Neste capítulo, explicarei quando e como me surgiu a ideia de escrever a peça e como desenvolvi uma história de fundo para a personagem principal utilizando a investigação histórica. Também falarei sobre como trabalhei no guião em três cursos na Louisiana

State University: Dramaturgia, Acting Studio e Movement Studio. No segundo capítulo, falarei sobre os vários rascunhos da minha tese, concentrando-me na evolução do guião de uma abordagem de várias personagens para um monólogo de uma só personagem. Descreverei também a minha visão técnica para esta produção e anexarei um guião de representação que contém instruções de encenação, bem como informações sobre o cenário, a iluminação e o som da peça. No terceiro capítulo, darei as minhas impressões sobre as actuações ao vivo, incluindo uma autoavaliação do meu trabalho e o feedback dos meus colegas e do corpo docente da LSU. Por fim, apresento as minhas conclusões sobre o teatro sociopolítico, o meu papel como dramaturgo e ator, e a minha evolução no programa de Mestrado em Representação da Universidade Estatal do Louisiana. Acredito que o teatro, juntamente com outras formas de arte, deve ser um precursor da mudança social e política. Depois de me formar, vou concentrar-me em melhorar a igualdade social como dramaturgo e ator.

Espero que a experiência da personagem ao escrever e representar este projeto encoraje o público e os leitores a refletir sobre três questões centrais. Em primeiro lugar, a globalização, com o advento das comunicações, dos transportes e da inovação tecnológica, aproximou culturas, religiões e grupos étnicos. Como resultado, o ódio entre grupos étnicos, religiões e culturas tornou-se muito mais generalizado. Em segundo lugar, que a utilização de armas nucleares nas guerras do século XXI pode conduzir ao apocalipse. E, finalmente, que a paz não é uma alternativa à guerra, mas a única solução para a nossa sobrevivência.

CAPÍTULO I: ESCULPIR UMA PEÇA A PARTIR DO PENSAMENTO

Neste capítulo, explicarei o processo criativo de investigação, redação e ensaio da minha peça. A minha investigação incluiu factos históricos sobre a agitação religiosa no Sul da Ásia, literatura de escritores sul-asiáticos, filosofia da religião e formas de monólogo. Descreverei a arte de escrever peças de teatro e monólogos, que se revelou inestimável para escrever o meu monólogo. Descreverei também as particularidades do processo de ensaio desta peça a solo.

1.1 O impulso para escrever a peça

O impulso para escrever a peça veio de uma personagem. Tive a ideia para esta personagem há muitos anos, quando participei num workshop de teatro em Mumbai. Tínhamos de escrever um monólogo de cinco minutos para a apresentação final do workshop. Na altura, Mumbai ainda estava a recuperar do recente ataque terrorista e muitos artistas estavam a ajudar a comunidade a recuperar, falando sobre o que tinha acontecido no seu trabalho. Eu também queria contribuir escrevendo e representando o meu trabalho - uma indicação precoce da minha inclinação para o teatro sócio-político.

Ao escrever um monólogo sobre um tema tão provocador, tive de ter cuidado. Em primeiro lugar, não devia soar como um relatório, um documentário ou um discurso. Em segundo lugar, não queria tomar partido. Queria que a minha arte trouxesse alívio às pessoas que estão a recuperar da perda de um ente querido e não que as traumatizasse novamente. Estava à procura de uma personagem cujo sofrimento pudesse ser terrível sem perturbar as pessoas ou incitá-las a procurar vingança. Decidi então contar a história desta personagem em cinco episódios de um minuto da sua vida. Concentrei-me na forma como ele lidava com as circunstâncias da sua vida, como se consolava na ausência da família e dos amigos e como se mantinha ocupado para não enlouquecer. Após a representação, recebi a resposta de que as pessoas se identificavam realmente com as dificuldades desta personagem fictícia. Aconselharam-me a transformar o monólogo numa peça mais longa.

Alguns anos mais tarde, isso levou-me a desenvolver a personagem e o conteúdo da minha tese.

Quando regressei à história na pós-graduação, tive de fazer uma investigação mais básica. Em primeiro lugar, tinha de definir o mundo da peça e, em segundo lugar, descobrir como é que o protagonista interage com esse mundo. Descobri que o protagonista, Neil, era filho de um casamento inter-religioso entre um hindu e um muçulmano. Queria ligar a sua história de fundo à história do conflito hindu-muçulmano no subcontinente indiano. Por isso, debrucei-me sobre a história da divisão da Índia em regiões de maioria muçulmana e de maioria hindu, e sobre as guerras indo-paquistanesas e o terrorismo que se seguiram.

1.2 Encontrar a sua própria voz através da literatura

Quando estava a escrever o monólogo de cinco minutos em Bombaim, estava a ler contos de Harishankar Parsai. Havia muitos contos interessantes na coleção, incluindo *"Neelkanth"*. O rebelde Neelkanth é transformado num homem sábio que consegue rir-se da sua própria vida trágica. Gostei da forma como Harishankar Parsai utiliza o sarcasmo como meio de aumentar a consciência social. Ele justapõe as aspirações e as imperfeições das suas personagens para que o leitor as possa ver através delas como se fossem vasos abertos. Isto leva o leitor a refletir sobre si próprio e talvez a reconhecer verdades semelhantes nas suas próprias vidas. Também me inspirou o facto de as histórias narrarem a situação de uma pessoa comum. Parsai coloca a pessoa comum num pedestal e examina a sua vida em relação ao seu ambiente. Por último, fiquei impressionado com as suas observações únicas e originais da sociedade indiana e com as suas personagens simples e reais. Utiliza incidentes simples da vida destas personagens e diz-nos como se comportam nessas situações. Quis incorporar esta originalidade e simplicidade na minha peça.

Outras obras literárias e cinematográficas influenciaram-me. Assisti a versões dramatizadas de contos de Anton Chekhov, Khalil Gibran, Saadat Hasan Manto e G. A. Kulkarni. Também gostei de ver a série televisiva

Malgudi Days, em que os esboços de personagens e os contos são escritos por R.K.

Narayan. Inspirei-me nas obras de escritores indo-americanos como Ayad Akhtar, Shishir Kurup, Anuvab Pal, Aasif Mandvi e Rajiv Joseph. O ritmo e a musicalidade da sua língua materna permeiam o seu estilo de escrita em inglês. Reparei que as personagens do Sul da Ásia ou do Médio Oriente escritas por Tom Stoppard e Tony Kushner soam e comportam-se de forma diferente das personagens das peças dos autores indo-americanos acima referidos. Imitei a abordagem dos dramaturgos indo-americanos porque Neil passou a maior parte da sua vida na Índia.

As histórias dos contos e peças de teatro acima referidos, bem como a investigação histórica, constituíram a base da minha abordagem. Este trabalho pioneiro acabou por me inspirar a criar uma personagem chamada Neelkant Khan, nascida de uma mãe hindu e de um pai muçulmano. Com base no contexto sociopolítico acima descrito, desenvolvi uma história de ficção sobre a vida e o passado desta personagem. Segue-se uma versão curta da minha história de fundo.

O neto de Neelkanth Khan é um muçulmano de Punjabi que teve de emigrar de Amritsar, na Índia, para Karachi, no Paquistão, durante a Partição. Trabalha arduamente para ganhar a vida, mas vê-se confrontado com o ódio dos muçulmanos paquistaneses locais. Chamam-lhe *muhajir*, que significa traidor. É assim que chamam aos muçulmanos indianos que se estabeleceram no Paquistão. O seu filho (o pai de Neelkanth) não podia aceitar esta situação e regressou à Índia para se reencontrar com as suas raízes. Ele sente que pertence à Índia. No entanto, lá encontrou novos problemas. É tratado de forma diferente por ser muçulmano num país onde a população é predominantemente hindu. Apaixonou-se por uma rapariga hindu e a sua vida tornou-se um inferno. Não consegue encontrar alojamento nem nas zonas hindus nem nas zonas muçulmanas. Os vizinhos e conhecidos perguntavam-se porque é que tinham contraído um "casamento profano". Por fim, tiveram um filho,

Neelkant Khan, o que provocou mais dificuldades. Não conseguiam chegar a acordo sobre a forma de educar a criança. O conflito sobre a forma de educar a criança de acordo com os seus valores religiosos manteve-se durante toda a vida e terminou com a sua morte nos motins de Bombaim. Neelkanth (Neil) cresceu num orfanato dirigido por um missionário cristão. Após a morte dos seus pais, a sua vida torna-se infeliz. Embora Neil frequente uma escola conventual e conclua os seus estudos, não consegue arranjar um emprego adequado devido à sua falta de referências e à sua origem religiosa mista. Os seus colegas e colegas de turma não o aceitam como um igual. Por isso, decidiu ir para os Estados Unidos para fazer um mestrado. Esperava uma mudança, mas em vez de perseguição religiosa, enfrentou uma constante discriminação racial. Antes de poder realizar o seu sonho, foi morto num ataque terrorista nos Estados Unidos.

1.3 Abordagem estrutural

Portanto, tinha uma personagem e a sua história de fundo. Agora tinha de escrever um monólogo de 20-30 minutos. Como já disse, tinha este tema em mente há anos, mas ainda não tinha a disciplina necessária para escrever uma peça. As aulas de teatro do Dr. Femi Euba foram uma grande ajuda para desenvolver esta disciplina. No seu livro *The Poetics of the Creative Process (A Poética do Processo Criativo*), o Dr. Euba discute a estrutura do monólogo, do ato único e da peça completa, e explica como cada forma difere das outras. Nos capítulos finais, oferece uma síntese invertida do processo de escrita de uma peça, examina os possíveis caminhos do pensamento do dramaturgo e fornece informações sobre como estas peças podem ser reescritas como monólogos, actos únicos ou peças completas. Esta compreensão clara da estrutura das diferentes formas de peça ajudou-me muito a escrever um monólogo; embora a minha peça tenha começado como um épico, reformulei-a para uma peça de um ato e acabei por transformá-la num monólogo.

Na minha primeira reunião com o Dr. Yuba, decidimos que o principal objetivo do meu protagonista seria encontrar a sua identidade numa sociedade diversificada. Decidi centrar-me na diversidade das culturas indiana e americana e na forma como as pessoas são frequentemente discriminadas devido a aspectos da sua identidade social.

Em vez de explorar a identidade social global do protagonista, definida pela sua religião, etnia, língua, casta, cultura, clubes sociais e profissão, concentrei-me num aspeto importante da sua identidade social: a religião. Outra sugestão da minha conversa com o Dr. Yuba foi centrar-me na identidade racial dos sul-asiáticos na América. No entanto, optei por representar a luta da identidade pessoal com a identidade religiosa porque sabia que esta discussão era uma grande parte da minha experiência inconsciente e consciente.

Joshua Mark, um académico americano e editor da *Enciclopédia de História Antiga*, escreve, parafraseando: "Cada civilização criou o seu próprio deus. A moral registada nos respectivos livros religiosos adapta-se a essas sociedades. As sociedades actuais têm de mudar ou adotar uma religião baseada na cultura atual (Mark, 1). Tento apresentar esta teoria através da dramatização da história do Nilo.

1.4 Redescobrir a personagem

Quando comecei os ensaios, pensava que sabia muito mais sobre este papel do que sobre todos os outros que já tinha representado em palco. No entanto, como ator, descobri muitas coisas novas durante o processo de ensaio. Utilizei a minha pesquisa, os rascunhos rejeitados e o rascunho final para determinar as circunstâncias da personagem. Também me baseei nas minhas memórias e observações de pessoas que passam por crises de identidade. Falei com alguns dos meus amigos que estão a passar por casamentos inter-religiosos. No entanto, a identidade social desta personagem é única. Embora não tenha encontrado um exemplo real de alguém que pratique três religiões, posso comparar esta personagem com outra personagem fictícia do filme "*A Vida de Pi*", de Ang Lee. O protagonista deste filme visita sucessivamente todas as religiões do mundo. Encontra muitas semelhanças nos valores de todas as religiões e pergunta-se porque é que, apesar destas semelhanças fundamentais, há tanto ódio entre elas. Esta personagem e o seu comportamento deram-me um ponto de referência para uma personagem da minha peça.

A fase seguinte do meu processo de representação consistiu em personalizar e aprofundar estas circunstâncias. Comecei a explorar a luta de Neil pela identidade e integração na sociedade a partir da sua perspetiva verdadeira. Para Neil, é muito importante ser aceite pelas pessoas que o rodeiam, o que tornará a sua vida muito mais fácil. Neil queixa-se da falta de empatia das pessoas que o rodeiam. Para me identificar com ele, substituo as suas relações pelas minhas próprias experiências de amizade. Por exemplo, na escola, eu era um traça-livros e alguns dos miúdos fixes implicavam comigo, e as memórias disso ajudaram-me a lidar com sentimentos de alienação e vitimização. Também troquei a minha experiência de internato e de vida residencial pela experiência dela de vida num orfanato. Um fator comum em ambos os casos é a saudade de casa. No entanto, no caso de Neil, não há oportunidade de conhecer os seus pais durante as férias. Também estava interessada em descobrir o impacto da família de acolhimento no seu desenvolvimento pessoal. Imaginei que Neil seria socialmente inábil, uma vez que não tinha aprendido quaisquer competências sociais nem com os pais nem no orfanato. Imaginei que tinha saído com várias raparigas, mas que nenhuma delas tinha imaginado um futuro com ele, razão pela qual continuava solteiro aos 35 anos. Em vez disso, passava o tempo a ler: romances policiais, Darwin, Platão, Karl Marx, a Bíblia, o Bhagavad Gita e o Corão. Alguns amigos não queriam mandá-lo para um orfanato devido à sua formação multi-religiosa e aos seus interesses. Finalmente, comecei a desenvolver as estratégias comportamentais do personagem para lidar com a realidade. Apercebi-me de que Neil usava o sarcasmo e as piadas como estratégia de sobrevivência na sociedade.

O segundo ponto importante foi tentar definir as regras do mundo da peça. O mundo da peça é o purgatório. Para concretizar o espaço físico, imaginei que, após a sua morte, a alma de Neil ficaria presa num asteroide. Ele veria as estrelas, os planetas e todo o universo com mais clareza.

Cada religião e cultura representa o(s) seu(s) deus(es) de forma diferente. Nalgumas é antropomórfico, noutras é abstrato. Na minha peça, Neil vê os deuses como luzes coloridas. Do ponto de vista do autor, os deuses são símbolos da luz da sabedoria e da razão. Do ponto de vista do ator, queria imaginar três rostos a ouvir-me e a reagir às minhas palavras. Estas eram as minhas imagens pessoais e guardei-as para mim. No seu livro *Respect for Acting*, Uta Hagen descreve o método da substituição para personificar as relações e os objectos no mundo da peça (Hagen, 35). Através da substituição, aprofundei a minha relação com estas três pessoas, como se fossem as três pessoas cuja orientação e sabedoria eu procurava. Quando o contexto do meu mundo e o objetivo do meu diálogo se tornaram claros, não houve qualquer problema em bloquear a peça.

Para dramatizar a reação dos deuses, tive de incorporar certos elementos técnicos e criativos. Queria utilizar luzes de cores especiais (idealmente açafrão, verde e vermelho) para representar cada deus. Queria também que as suas respostas aparecessem no ecrã. Por uma questão de simplicidade, acabei por decidir ler as respostas dos deuses, escritas em tiras de papel colocadas num recipiente de vidro sobre um suporte com pedras e berlindes coloridos. As objecções dos deuses eram acompanhadas por um efeito sonoro de aviso. Para representar um asteroide, utilizei uma grande pedra colorida. Foi utilizado um projetor para representar o efeito da televisão ou da visão telepática. O meu traje era formal. Usei o sinal de cada uma das três religiões da personagem: uma cruz no peito, uma *tika* vermelha na testa e um boné muçulmano kufi na cabeça. Acrescentei tinta vermelha para marcar a ferida na zona lombar.

Tive a ajuda de muitos colegas para implementar estes elementos técnicos e criativos. Camille Morrison, professora convidada de figurinos na LSU, ajudou-me a escolher o figurino e a cor certa para o sangue. Jared Mentz, o nosso diretor de cena, ajudou-me a organizar o tempo e a colocação de cada intervenção técnica. O meu orientador de tese, Nick Erickson, orientou-me no sentido de tornar a minha interação com o espaço mais direta e significativa. A minha professora de canto, Stacey Kabaj, encorajou-me a estar totalmente presente nas circunstâncias e a usar a minha voz para atingir o meu objetivo.

Estou também grato pela ajuda dos meus colegas do grupo de actores da MFPA e da aula de teatro da Dra. Euba. No nosso estúdio de teatro, discutimos as nossas ideias e recebemos sugestões sobre a forma de as transformar em cenas dramáticas. Os meus colegas fizeram muitas sugestões valiosas que foram incorporadas na versão final da peça. Eis dois exemplos: a sugestão de ler as respostas dos deuses num jarro e de reduzir ao mínimo a exposição. Também achei útil apresentar o meu trabalho no nosso estúdio de movimento para licenciados. Aí estudei o comportamento dos entes queridos de Neil, o que me ajudou a aprofundar a sua relação com o mundo e a reduzir a peça à narrativa de uma única personagem. Finalmente, no meu curso de dramaturgia, desenvolvi uma terceira opção. Foi útil para mim reler o meu monólogo várias vezes e receber um feedback valioso dos meus colegas de turma.

O meu primeiro obstáculo ao escrever uma peça a solo foi apresentá-la sob a forma de um monólogo. Inicialmente, tinha escrito uma peça épica, com diálogos, que se assemelhava mais a uma narrativa do que a uma peça. Senti-me atraído pela possibilidade de representar uma multiplicidade de personagens. Depois tentei transformá-la numa série de monólogos, mas os nomes das personagens que representava e das pessoas invisíveis com quem falava eram incompreensíveis para o ouvido americano. Finalmente, decidi escrever um monólogo padrão, tal como descrito no meu curso de teatro. Recebi sugestões sobre a relação entre a personagem e o público, que diziam que o público deveria ser um júri ou comité que decidiria o destino de Neal num caso ou noutro. Talvez Neal esteja a lutar contra uma acusação fabricada contra ele por superiores racialmente preconceituosos. Isto deu-me a ideia de apresentar o meu caso ao júri supremo da humanidade: Deus.

O segundo obstáculo era de ordem técnica. Queria utilizar um ecrã de projeção para representar o contexto histórico das lutas religiosas e as suas consequências no Sul da Ásia e mostrar certos efeitos para ilustrar a reação dos deuses. Infelizmente, tal não foi possível. O terceiro obstáculo durante os ensaios foi que deixei de pensar como um autor e comecei a pensar como um ator, o que se revelou muito difícil. O quarto obstáculo foi escrever o final da peça. Tive dificuldade em escrever o final porque queria que fosse uma discussão aberta. O mundo da minha peça é um espaço intermédio, como em *"À Espera de Godot"* de Samuel Beckett. A minha personagem não consegue o que quer, mas também não pára de tentar. O processo de procura de justiça e o diálogo do homem com o seu Deus são eternos. Não sabia como transmitir esta ideia ao público.

Em suma, trabalhar na minha peça final foi cheio de desafios e surpresas. Os primeiros rascunhos estavam cheios de pesquisa e explicação. Os rascunhos posteriores tornaram-se mais pessoais e específicos. No final, o monólogo final foi o projeto mais eficaz; encontrei um objetivo, uma relação e um enredo claros para a minha personagem principal. Uma vez esclarecidos estes pormenores estruturais, foi relativamente fácil escrever o monólogo. Apesar de alguns constrangimentos técnicos, achei o processo de ensaio muito satisfatório.

Capítulo 2 A procura da voz

2.1 Desejo de atuar a solo

Como escreveu Susan Merson, e como eu resumi, a performance a solo é uma arte generativa e não interpretativa. Permite ao artista exprimir-se e mostrar as suas melhores capacidades. É uma plataforma para a experimentação e a inovação. O artista pode expressar as suas opiniões e preocupações independentes. Exige muito mais dedicação e disciplina, mas o melhor é trabalhar para si próprio (Merson 9).

Concordo com a Susan Merson. Penso que o espetáculo a solo é uma plataforma ideal para artistas sub-representados. Outras formas de arte, como a música, a pintura, a escultura, a poesia e a dança, podem ser praticadas individualmente. Os artistas não precisam de esperar por uma oportunidade para criar o seu trabalho. Como o teatro é uma forma de arte colaborativa, os infelizes têm de esperar eternamente por uma oportunidade para mostrar o seu talento. Os actores de grande talento podem nunca ter a oportunidade de trabalhar e os actores sortudos podem ficar sobrecarregados com a quantidade de trabalho, apesar da sua falta de talento. Para um aspirante a ator, isto pode ser frustrante. Afinal de contas, a representação é uma competência que pode ser melhorada e aperfeiçoada através da prática. Uma atuação a solo mantém o ator ocupado durante este período. Em suma, os espectáculos a solo mantêm um ator ocupado, dão-lhe a liberdade de criar um trabalho de que gosta e ajudam-no a desenvolver-se continuamente. Consequentemente, um espetáculo a solo pode ajudar um artista a manter-se ativo. Além disso, os espectáculos a solo são menos dispendiosos, pelo que um espetáculo a solo divertido pode ser uma boa alternativa para uma companhia de teatro manter o seu orçamento sob controlo.

2.2 O meu processo de criação de um espetáculo a solo

Quando comecei a escrever o texto da minha palestra, tinha alguns pontos de partida. Tinha um tema forte, uma personagem, um estudo das relações hindu-muçulmanas no Sul da Ásia e um conhecimento geral de diferentes formas de auto-diálogo. Falei sobre a minha personagem e o tema forte no primeiro capítulo. Aqui, vou falar sobre as diferentes formas de auto-diálogo.

A minha primeira inspiração foi a peça individual de Doug Wright, *I Am My Own Wife*. Nesta peça, um único ator interpreta todas as trinta e seis personagens. A peça segue a vida de Charlotte von Malsdorf. A ação decorre em muitos locais e cobre toda a vida da personagem principal. Gostei desta forma porque permite ao ator interpretar várias personagens.

O meu primeiro projeto foi uma tentativa ambiciosa de emular estes aspectos estruturais da peça de Wright. Tentei dramatizar o passado de três gerações da família da personagem principal. As cenas mostram a coesão do povo apesar do ódio generalizado num clima político hostil. A peça tem muitas personagens, estende-se por um longo período de tempo, alterna entre vários locais e tem uma grande superfície de projeção. Comecei o meu trabalho com uma pesquisa histórica e escrevi uma história de fundo para as personagens. No entanto, recebi algumas reacções negativas a este projeto. Em primeiro lugar, a maior parte do texto era dedicada à história da personagem principal e havia muito pouca ação. Em segundo lugar, apercebi-me de que seria difícil para um público americano compreender as referências aos motins comunais e ao significado dos nomes religiosos. Em terceiro lugar, era tudo diálogo e não havia instruções claras sobre como eu poderia interpretar eficazmente duas ou três personagens numa cena.

2.3 Mudança de velocidade

É por isso que, para o meu segundo rascunho, me baseei no processo criativo de escrever uma peça, ensinado pela Dra. Femi Euba na sua aula de teatro na LSU. O Dr. Euba vê o processo criativo como uma analogia com o nascimento, a transição do mundo metafísico para o mundo físico. Ele cita os elementos que tornam o drama interessante: uma ação com consequências, um conflito, um interesse, um prazo para concluir a ação e um compromisso com a ação. O Dr. Yuba também ensina que o dramaturgo é o primeiro intérprete físico da peça e que ele encarna a ideia da peça com base numa história real ou fictícia.

Sabendo isto, comecei a escrever o segundo projeto. A minha inspiração para este projeto foi a peça a solo de Aasif Mandvi, *Sakina's Restaurant,* que preenche uma noite inteira. Aqui, o protagonista é também o narrador e transforma-se rapidamente em cinco outras personagens. Embora a peça seja construída como uma série de monólogos, ele consegue criar uma narrativa interessante. Gostei desta abordagem e escrevi sobre um dia na vida de 14
Um repórter de televisão em Mumbai. Trata-se de uma série de monólogos de seis pessoas diferentes que o repórter Neil entrevista após a explosão de uma bomba em Bombaim. Estava certamente cheio de gente, mas não havia um conflito central ou um arco narrativo para o protagonista. Para resolver este problema, criei um plano estrutural na forma ensinada pelo Dr. Euba, que se apresenta a seguir.

Nota de Ideia: A procura da identidade pessoal.

Objeto: Conflito hindu-muçulmano no Sul da Ásia.

Crise/situação imediata: atentado bombista em Bombaim, em 12 de julho de 2011.

Tema: Discriminação religiosa.

Estrutura da história: Entrevistas com as pessoas envolvidas.

Protagonista: Neelkanth (Neil) Khan, um repórter de um canal de televisão. O seu objetivo: ter sucesso como repórter e casar com a rapariga dos seus sonhos.

Conflito: a sua família desaprova o facto de ele ser seu amigo.

Em jogo: perder o amor da sua vida.

Prazo: um mês.

O obstáculo: o seu pai.

A grande questão dramática: tornar-se-á ele um jornalista de sucesso?

O clímax: ele perde tudo.

As críticas que recebi em relação a este projeto foram que havia demasiadas personagens invisíveis em palco e que era difícil manter o registo dos nomes das diferentes personagens. Embora este projeto tenha sido bem recebido na Índia, algumas audiências americanas podem considerá-lo confuso.

2.4 Abordagem a uma ideia feliz

Finalmente, escrevi uma terceira versão. Nessa altura, já tínhamos discutido a estrutura dramática do monólogo nas aulas de teatro. Concentrei-me na diferença entre uma peça completa e uma peça de um ato.

Tema: Discriminação com base na religião/sexismo/racismo

Crise/situação imediata: a explosão de uma bomba em Madison, Wisconsin (e a consequente morte do protagonista).

Tema: identidade social versus identidade pessoal.

O protagonista: Neelkanth (Neil) Khan, um profissional da sua área.

Objetivo: provar que é um homem de bem.

Conflito: Deus/identidade pessoal.

Fazer apostas: sair do limbo

Prazo: O mais rapidamente possível. Obstáculos: Requisitos religiosos rigorosos.

A questão dramática mais importante: conseguirá ele provar que é bom? O clímax: ele falha.

Tácticas: dizer a verdade, justificar pequenos erros e pôr em causa o rigor da religião.

Finalmente, o meu terceiro projeto tinha apenas uma personagem e um cenário e mantinha a continuidade temporal. Enquanto os outros projectos eram narrativos, este centrava-se mais no conflito da personagem principal e era, por isso, o mais ativo. Neil tem de provar a sua pureza moral para entrar no céu, o que me pareceu ser uma forma muito mais simples de transmitir o conflito principal. Acrescentei também cinco perguntas através das quais a personagem tentaria provar a sua pureza moral. As respostas a estas perguntas constituíram a maior parte do texto no meu terceiro projeto e nas revisões subsequentes.

Há vários pontos importantes neste projeto. Em primeiro lugar, para abordar o problema global do fundamentalismo religioso, quis incluir no projeto todos os deuses das religiões do mundo e as almas das pessoas que perderam a vida em catástrofes provocadas pelo homem, como as guerras e o terrorismo. No entanto, o meu professor e os meus colegas obrigaram-me a limitar o número de deuses a três e aconselharam-me a não comunicar com as almas do purgatório. Em segundo lugar, também reduzi ao mínimo a exposição e as digressões. Por fim, a dificuldade técnica de representar os deuses foi objeto de discussões interessantes na aula. Recebi muitas sugestões: três espelhos, vidros transparentes sobre os quais os deuses são representados, recortes dos deuses para serem pendurados ou expostos em molduras fixas. No final, optei por uma solução muito simples: três lâmpadas coloridas.

Terceiro projeto

Um homem sem

(*Uma explosão violenta soa no palco escuro e o palco enche-se de nevoeiro. Neelkanth (Neil) Khan, 30 anos, está deitado numa pedra no meio do palco, como se tivesse sido vítima da explosão. Veste roupas oficiais e tem um bilhete de identidade oficial ao peito. Usa uma cruz no peito, uma tika vermelha na testa e um boné muçulmano kufi na cabeça. São visíveis coágulos de sangue no peito e no pescoço. De repente, acorda, como que de um sono profundo. Levanta-se, olha em volta e tenta ver onde está. Vê a sombra de alguém. Pensa que tem companhia.*)

O ! Que raio se está a passar aqui? Onde raio estou eu? Oh, Deus do céu! Sinto-me mais leve, sem dores de coração, sem dores de costas, sem preocupações com o amanhã a pesar-me. Nem sequer sinto o peso do meu corpo. Sinto-me como se tivesse sete anos outra vez. É fantástico, calmo e suado. O que é uma sauna? O que é que é suposto ser? Têm pedras em vez de bancos, seus filhos da mãe gananciosos. *(A sombra desaparece, mas ele não repara.*) Está um calor dos diabos. Ei, baixa o volume. Dá para acreditar que não há aqui um zelador? Não tens calor? *(Apercebe-se que está sozinho e que a sombra desapareceu. Um arrepio percorre-lhe a espinha. Olha em volta e tenta encontrar um interrutor de luz. Apercebe-se de que o local é enorme. Assusta-se).* Meu Deus, este sítio é enorme, não tem limites. Não aguento este calor, ei, baixa o volume. Olá, olá, olá, estão a ouvir-me? Está tudo tão calmo aqui. Consigo ouvir as minhas células a produzir oxigénio e a libertar dióxido de carbono *(ri-se do absurdo deste pensamento).* Nunca vi o céu tão claro. Estas estrelas, luas e planetas, meu Deus, sinto-me como se estivesse no centro do universo. É tão majestoso, mas ao mesmo tempo assustador e quente. Socorro, socorro! Por favor, ajudem-me! Por favor, ajudem-me! Jesus! (*Ele reza desesperadamente a Jesus. Jesus aparece na luz. Ele não percebe nada. Pensa que não está a funcionar e começa a rezar a Lord Krishna, Lord Krishna aparece sob a forma de outra luz. Não o vê e depois reza a Alá. De repente, sente-se mais calmo e vê os três de pé à sua frente:* "Jesus! Krishna! Alá! Estão todos aqui! Todos juntos! E estão a jogar às cartas! Obrigado por terem chegado a tempo. Eu rezo desde que era miúdo! Não, não queria atirar-to à cara, referia-me a este momento. Rezei durante um minuto e agora estás aqui. Muito obrigado por teres vindo. Sabes, não pensei que fosses real. Ri-me das pessoas que se mataram por ti. (*Ele olha para eles e acha que não gostaram do último comentário).* Desculpem, estou um pouco nervoso por vos juntar a todos. Mas, a sério, o que pensam dos motins comunitários? Perdoem a minha curiosidade. Toda a gente diz que tem todas as respostas, por isso estou curioso para saber se isso é verdade? Tens as respostas? Claro que tenho! Não duvido do seu conhecimento. Desculpe, estou confuso, é a primeira vez que falo com Deus ..... c. Então, como estás? Peço imensa desculpa. Deus, isto é tão difícil. Bem, porque é que estou aqui? Quer dizer, estou a apreciar a vista do universo e tudo, mas a temperatura está a fazer-me perder .... Oh! Já não está quente. Já não está quente. Obrigado, obrigado, obrigado! Mas que raio de sítio é este? Nunca estive aqui antes. Parece uma espécie de sonho.

Estarei a sonhar? O quê? (*olha para a camisa, como se alguém acabasse de lha apontar)* O que é? (*estremece ao pensar na morte. Não sabe se está morto ou a sonhar).* Estarei morto? Isto é o inferno? Isto é o céu? Diz qualquer coisa, isto está a ficar cada vez mais assustador.

O que é que se passa? Muito bem, então! (*Aproxima-se e tira uma impostura do frasco. Lê-a)* Serei libertado deste lugar ou se o meu cadáver for eliminado com os ritos apropriados, ou se provar que levei uma vida moral. Se eu passar no teste ético.

Então estou morto! Tens a certeza? Claro que tenho a certeza! Tu és Deus! Mas estou aqui contigo, isso é bom, acho eu. Está bem, mas como é que vou tratar do meu funeral? Há alguém na Terra a quem eu possa telefonar? Posso usar o teu telefone? Não, não tens telefone? Oh, meu Deus! Oh, meu Deus! Desculpe-me! Tem alguma coisa como um telefone fixo, um pager, um Apple? (Não é isso, mas um portátil para enviar e-mails. E uma televisão? Bem, eu não consigo dormir sem televisão, sabes. Se é assim, manda-me de volta para a Terra. (*Ele senta-se como uma criança bem alimentada. Algo está preso na sua cabeça)* Oops! Ups!

(*Olha para o corredor e vê muitas pessoas.*) Consigo ver pessoas. Consigo ver coisas no chão. Obrigado por isso. Televisão? (*De repente, olha para o seu cadáver e suspira.)* Oh, meu Deus! Sou eu? Oh, isso faz-me lembrar, estava a preparar-me para ir trabalhar e houve uma grande explosão..... o tipo ao meu lado estava a suar no ar condicionado e parecia possuído. Pergunto-me onde é que ela o conheceu. *(Ele suspira como se tivesse de o fazer.*) Então, estou morto. .... Oh, seu cãozinho, pára, pára de me lamber. Não és uma gracinha? Não és um querido? Oh, o que é que estás a fazer? Não na minha cara, não na minha cara! Ele fez isso de propósito? Oh! O bebé está a respirar, olá! Olá, oh! Enfermeira! Pegue no bebé primeiro. Olá, está a ouvir-me? Levem-no primeiro para o Hospital Madison. Podem salvá-lo! Como podem deixá-lo ir? Ele está deitado numa pilha de cadáveres e agarrado aos intestinos pendentes. Distrai-se com globos oculares esmagados, membros cortados e corpos decapitados.

Olhas para o outro lado. Não consegues seguir as instruções? Oh, merda! Ei, médico, ouça, ouça-me, há uma velha mulher afro-americana debaixo dos escombros. Ela está a gemer! Não a conseguem ouvir? (Vá lá! Tirem-na de lá. (Está tudo bem! Está tudo bem, está tudo bem! Não te preocupes, minha querida, eles vêm na tua direção. Ali não, ali à direita, ali à direita, raios! Por amor de Deus! Não podes fazer nada? Não, claro que não. Pelo menos há ajuda, na América tudo é rápido. O que é suposto eu fazer agora? O que é que faz agora? Muito bem, então!
(Eles eram desonestos!

Tenho sido honesto a maior parte do tempo.... (*som de nuvens e relâmpagos*) .a maior parte do tempo! (Bem, eu tentei!) (O *ruído desvanece-se. O ruído e os relâmpagos funcionam como um detetor de mentiras, enquanto ele continua a confessar. Ele olha para cima e segue a pessoa que passa com os olhos.*)
Namaste Gandhiji. Ele disse que a honestidade é a melhor política.
Mas isso não levou a lado nenhum. Quando eu dizia que acreditava em todas as religiões, eles não acreditavam em mim. Acreditar em várias religiões fazia parte do meu ser; pensavam que eu estava a tentar ser mais do que aquilo que era. Diziam que pertencer a tudo era como não pertencer a nada. Por isso, tive de aceitar o seu conceito de fé. Acreditar numa religião e odiar todas as outras. Surpreendentemente, a lealdade não se mede pelo quanto amamos os outros, mas pelo quanto os odiamos. Se disseres: "Sou dos Cubs", os fãs dos Cubs dirão: "Está bem, como queiras", mas assim que disseres: "Os Indians não prestam", os fãs dos Cubs dirão: "Queres uma cerveja, mano? Talvez uma fatia de pizza também, é por conta da casa". Claro que ele teria de estar suficientemente bêbedo para fazer esta última oferta. Mas já percebem a ideia. Peço desculpa se voltei a falar demais!
Senhor Krishna, o que eu quero dizer é se eu tinha escolha. O meu pai era muçulmano, a minha mãe era hindu e, depois de os meus pais terem sido mortos durante os motins, fui educado por um missionário cristão. Pensei que tinha a beleza de toda a gente dentro de mim. Tudo bem, posso integrar-me em

qualquer lugar, mas estava enganada, não me podia integrar em lado nenhum. Não fui convidada para nenhum casamento, meu ou de outra pessoa, para festas ou cerimónias. Imaginem só, festejar o Diwali/Natal/Oath sozinho, isso não tem piada nenhuma! Sabias? Conseguir alojamento foi uma tarefa enorme. Os meus pedidos demoraram muito tempo a ser processados. Até os assassinos obtinham autorizações de trabalho mais depressa do que eu. Um casamento racional estava fora de questão, e o amor também não. Eu dependia do amor de cães e gatos, enquanto recebia uma dose diária de ódio dos meus companheiros Homo Sapiens. Homo Sapiens é apenas um termo chique para humanos. Desculpa, não sei porque te expliquei isso. Oh, meu Deus! As pessoas religiosas são simples. Seguem regras simples. Se fizeres parte da sua religião, confiam em ti, se não, não confiam. Um casamento inter-religioso era uma ofensa no reino de Deus, e um filho desse casamento era apenas um erro estúpido. Aqui, eu era tratado como um erro. Tornei-me a medida do inaceitável. Se eu fazia alguma coisa, era errado; se eu dizia alguma coisa, era mentira. Esforçava-me demasiado para que me reconhecessem. O que quer que eu fizesse, incomodavam-me com perguntas rudes, sem a mínima subtileza. A tua mãe não encontrou um hindu decente? Porque é que os teus pais eram tão irresponsáveis? O teu pai era um maníaco sexual? Não aguentei. Desisti, mudei-me para outro sítio e pratiquei a mesma religião. Mas, por dentro, não estava a funcionar. Só conseguia sobreviver fingindo ser fiel a uma associação religiosa. Foi a única coisa que encontrei. Eles não me podem culpar por isso. A culpa é deles se não me aceitam como sou. Mesmo que tudo estivesse bem comigo. Senhor Krishna, tornaste-te numa bela mulher para matar o diabo. Não é uma imagem distorcida? Porque é que havia de ser? Eu vejo-a! O teu julgamento tem dois pesos e duas medidas.
O meu corpo ainda lá está, e ninguém está a olhar para ele. Não há ninguém para o reclamar. Bem, isso é uma merda! Com licença. ou um palavrão. Eu podia pôr uma moeda no frasco dos palavrões, mas não tenho moedas. Pode pagar com um cartão Mastercard? Peço desculpa, estou outra vez confuso. Há

alguma coisa que possam fazer? Podemos contactar o Hospital Madison? Não, claro que não! Sabem, precisam de melhorar o vosso apoio técnico.
(*Tira uma fraude do copo e lê).*

Eras corrupto. Subornaste um polícia quando tinhas sete anos.
O que é que se passa? Isto é algum tipo de piada? Como é que uma criança de sete anos... Oh! Espera um minuto! Estás a falar da pulseira? Que escolha é que eu tinha? Eu queria ver os meus pais mortos antes de se livrarem dos seus corpos.
Eu tinha muito medo. Os hindus tinham matado o meu pai muçulmano e os muçulmanos tinham matado a minha mãe hindu, e eu estava a tremer de medo. Quando me viram, ficaram perplexos. Os sinais de duas religiões num só rapazinho intrigavam-nos. Para resolver o enigma, raptaram-me e levaram-me a um padre. Ele viu que eu tinha sido circuncidado e que tinha uma *tika* na testa. Conseguia recitar shlokas em sânscrito e poemas em urdu num só fôlego. Disseram-me que eu era metade hindu e metade muçulmano. Tinha medo que cada um deles me matasse a meio caminho. Mas, felizmente, a classificação anatómica não era tão fácil para eles como a classificação religiosa. Ficaram cada vez mais curiosos, mas a sua regra era muito clara: não matar os da sua própria espécie. Como não conseguiam perceber que metade de mim era hindu e que outra metade era muçulmana, sentiam-se impotentes. Eu era um enigma para eles. Estavam a pensar tanto que as suas caras pareciam chimpanzés a discutir a teoria das cordas. Finalmente, o enigma esgotou os seus pequenos cérebros. E foram-se embora, deixando-me no meio do nada. Eu estava aterrorizado. De repente, apareceu um polícia fantasmagórico, como se estivesse à espera de uma resposta. Eu disse-lhe que queria desesperadamente ver os meus pais. Estava a tremer de medo. Até ele ficou comovido. Pegou em mim ao colo e começou a andar. Mas quando viu a pulseira de ouro que eu trazia, ficou ainda mais comovido. Disse-me: "Se me deres essa pulseira de ouro, eu levo-te aos teus pais". Aceitei de imediato. Na altura, ele podia ter-me pedido qualquer coisa e eu teria aceite. Eu era demasiado jovem para

compreender.

o conceito de corrupção. Vamos lá! Sejam flexíveis! As crianças também são perdoadas em tribunal. Não é verdade? Não é verdade? Muito bem, muito bem.

Mas ninguém está a reclamar o meu corpo! É ridículo! O meu corpo sente-se só, frio e rejeitado. Ajudem-me! ... Por favor, ajudem-me!

(*Outra pergunta.*)

Não são generosos. Não deram nada a templos, igrejas ou mesquitas. Estou a falar a sério! Vá lá, não me podem castigar por ser pobre. O que é que tu és, um republicano/democrata? A sua lógica é circular. Nasci numa família pobre, tive um emprego de merda, e castigam-me porque não dou dinheiro? É como castigar um corvo por não ser branco / É como castigar um touro por não dar leite. As únicas pessoas afectadas pela minha morte são as empresas de cartões de crédito. Porque tudo o que deixei para trás foram contas de cartão de crédito. E porque é que as casas dos deuses precisam de mais dinheiro? A riqueza colectiva de todos os templos da Índia podia pagar todos os empréstimos internacionais do país. Eles precisam de mais dinheiro! Para construir novos templos, igrejas e mesquitas? Quando 100 milhões de pessoas no mundo não têm casa.

Se Deus é omnipresente, porque é que estamos a lutar para conseguir um pedaço de terra para si? Se todo o universo lhe pertence, porque é que quer colar um autocolante nele e reclamar um pedaço de terra para si? Porque é que queres uma mesquita em vez de um templo ou uma igreja em vez de uma mesquita? Alá, porque é que não impediste a destruição das estátuas de Buda? Jesus, porque é que não pudeste evitar o massacre dos judeus? As pessoas sacrificam as suas vidas para construir locais de culto que vocês obviamente nunca usam, e vocês passam as vossas noites a jogar jogos de tabuleiro e a comer fast food? (As *luzes acendem-se, o calor intensifica-se. Ele começa a suar.)* OK. Está bem, ótimo. Não o vou fazer. É exatamente como os diretores das empresas. Eles gostam de perguntas. Dizem: "Só fales se tiveres algo de bom para dizer sobre nós. Caso contrário, cala-te!" Lamento muito. Não há moedas. Juro pela lata. Mastercard.

Finalmente, põem o meu corpo a mexer. Deus abençoe a América! Em breve livrar-me-ei dele e serei livre. Não me vão julgar. Sinceramente, estou farta de ser julgada. Na Índia, na América e agora aqui, no meio do nada. Oh, não, não vais! Eles pegam-no no aeroporto, mandam-no para a Índia. (O meu corpo está na *Índia.* E quem sou eu?

Não tinham obrigações religiosas.

Bem, eu não estou a responder. Não entendes, estás a tornar-me responsável pela tua

Acções. Não escolhi os meus pais, não escolhi o orfanato católico onde vivi. Como é que eu podia aderir à monogamia religiosa? Os meus pais estavam obcecados em incutir-me os seus próprios valores religiosos. Lutavam como loucos pelo direito de possuir a minha alma/sentimentos. Não podia acreditar que eram as mesmas pessoas que lutavam em todo o mundo para se casarem. Eu era um campo de batalha permanente para eles, não admira que me sentisse como se estivesse na fronteira de Gaza. A irmã católica branca do orfanato, a quem prefiro chamar mamã, também estava determinada a educar-me para ser um bom rapazinho católico. Eram as três pessoas que eu mais amava. Como é que eu poderia renunciar a tudo o que elas me davam, juntamente com o amor, o pão e os bolos? E mais tarde também o vinho tinto. ...como o teu sangue... Jesus.

Depois cresci, aborreci-me, tornei-me agnóstico e ateu, não necessariamente por esta ordem. Quando a lógica me atingiu, questionei a tua existência. Depois a lógica começou a ditar-me as suas regras. Tudo o que dizia respeito às tuas capacidades parecia-me imaginário. Mas a lógica não negou a tua importância. Durante gerações, vocês foram as estrelas de rock do mundo. Faço parte de todos vós, mas não posso escolher nenhum de vós. Em criança, acreditava em cada um de vós de igual forma. A vossa presença na minha vida era uma extensão do meu amor pela minha mãe, pelo meu pai e pela minha irmã Angela. Ser fiel a qualquer um de vós é como escolher um deles; não é fácil para mim.

Estão a tentar descobrir a religião do corpo. (Bem, boa sorte a tentar encontrar o que eu não consegui encontrar. Olha para eles, todos a lutar para entregar o meu corpo morto à sua religião. Estão a fazer isso outra vez. É inacreditável. Quando eu estava vivo, rejeitaram-me com grande paixão e agora que estou morto estão a lutar por mim com o mesmo fervor. Oh, meu Deus! Estão a lutar pelo direito de se desfazerem do meu corpo. Um homem insignificante como eu é motivo de uma luta religiosa. Eu torno-me um dos seus símbolos. É muito lisonjeiro. Lamento, mas nunca pensei que isto fosse acontecer. Quando tentei tornar-me um deles, humilharam-me, ignoraram-me e rejeitaram-me. Agora estão a lutar por mim, tal como lutam por territórios disputados como a fronteira entre Caxemira e Jerusalém. Meu Deus, tomem uma decisão. Não me parece que consigam. Como sabe, há sempre conflitos religiosos. O mundo é fértil para eles. Só há um caminho para a redenção agora. Faz-me outra pergunta.

Mãe, pai. (Tenta *falar com a mãe e o pai invisíveis).* O que estão aqui a fazer? (*A pergunta passa-lhe pela cabeça*) Isto é um exemplo da vossa falta de fiabilidade. Não se desfizeram dos corpos dos vossos pais com os rituais adequados.

Mas eu tinha apenas sete anos quando ambos morreram, deixando-me sozinho naquele mundo horrível. Quando encontrei os vossos corpos, depois de procurar em toda a morgue, fiquei tonto e desmaiei com a visão horrível dos vossos corpos mutilados e desfigurados. Quando recuperei a consciência, dois dias depois, estava num manicómio e todas as pessoas a quem perguntava por vós diziam-me que estavam no Céu e que eu não devia falar sobre isso. Quanto mais perguntas eu fazia, mais eles pensavam que eu estava louco. Levaram-me a um psiquiatra. Deram-me comprimidos para me fazer esquecer de ti. Mas eu nunca o fiz. Como é que os comprimidos podem apagar algo assim? Lamento que tenhas sofrido por minha causa. Isso não é verdade, Jesus, porque é que eles têm de sofrer? Estas regras não fazem qualquer sentido. Krishna, estás a ver o erro prático das tuas regras? Os teus julgamentos são como arbitrários; por vezes soam a presunção. Alá! Preocupas-te connosco? Somos as tuas preciosas criações? Ou sois vós a nossa criação? Duvido de Ti, mesmo quando Te vejo. Como podes castigar tantas pessoas inocentes? Porque é que estás sempre do lado da classe alta? És corrupto, desonroso, desleal, irresponsável e não és digno de confiança? (Não fujas, diz-me a verdade. Estás preocupado com estas perguntas? Tens respostas para elas? Conheces a verdade última? Se não aguentas críticas, como é que eu posso aguentar? Eu sei que pregas aos teus discípulos favoritos. Mas eu não recebi nada de si. Talvez eu não esteja a fazer as perguntas certas. Mas estas são as minhas perguntas sinceras. Se elas ultrapassam a vossa compreensão, talvez seja altura de alargarem os vossos horizontes. (*Apagam-se as luzes que representam os deuses*). Provavelmente partiram para alargar o seu quadro de referências. *(ruído de garganta a limpar na escuridão).*

Pai, aquele é o avô? Oh, avô! (*A sala enche-se com os sons de pessoas de todo o mundo. Murmuram em várias línguas. A luz cai também sobre o público. Luzes azuis ténues, de intensidade variável, piscam em todos os cantos da sala. Algumas luzes piscam, outras movem-se. O som intensifica-se e Neil fica agitado.*) Quem são todas estas pessoas? Que raio de país de zombies é este? Oh não! ... parece que ... Morreram pessoas durante a Partição, o Movimento dos Direitos Civis, as Guerras Mundiais, as Guerras Frias, o 11 de setembro, os atentados de Bombaim, os atentados de Paris, os atentados de Orlando, os atentados da Síria. Porque é que eles estão aqui? São vítimas da agitação e da guerra. Nós somos as vítimas. Não tivemos tempo para planear os nossos próprios funerais. Partimos sem aviso prévio. Ponham-nos nalgum lugar. Tirem-nos daqui. Céu e inferno, não me interessa, mas pelo menos poupem-nos a isto. Oh, já está a ficar quente. Não aguento mais. Jesus, Ya Allah, Hare Krishna, perdoa-me. Por favor, perdoa-me. Não vou fazer mais perguntas. Este maldito sistema educativo transformou-me num cético. Estou a desligar o meu cérebro, não vou pensar mais. Tirem-me daqui. Por favor, tirem-me daqui! Pai, mãe, avô, tio, ei, tu, e tu, olha para mim. Porque é que não imploram aos vossos deuses que nos deixem sair daqui? (*Uma gargalhada madura e cansada irrompe. Ele olha para ela. Implora-lhes. Depois junta-se a eles e sai como um zombie sem rumo.*

FIM DO JOGO

2.5 Versão final

Um homem sem

(*Uma explosão violenta soa no palco escuro e o palco enche-se de nevoeiro. Neelkanth (Neil) Khan, 30 anos, está deitado numa pedra no meio do palco, como se tivesse sido vítima da explosão. Veste roupas oficiais e tem um bilhete de identidade oficial ao peito. Usa uma cruz no peito, uma tika vermelha na testa e um boné muçulmano kufi na cabeça. São visíveis coágulos de sangue no peito e no pescoço. De repente, acorda, como que de um sono profundo. Levanta-se, olha em volta e tenta ver onde está.*)

Bom dia, bom dia... Olá ! Está tudo tão calmo. Consigo ouvir as minhas células a produzir oxigénio e a libertar dióxido de carbono. *(Ele ri-se do absurdo deste pensamento. Ruído de fundo alto. Ele chora muito alto).* Mãe! Não, não, já sou crescidinho, não vou chorar, vou fazer qualquer coisa! (*Outro barulho*) Jesus! Por favor, ajuda-me!

Louvado seja Jesus! Tu és o meu Rei!

A tua vida liberta-me da obrigação de cantar.

Hare Krishna Este é Krishna.

Yah Allah Illilah, rahamdil rasullah!

Eu louvar-te-ei todos os dias, tu és perfeito em todos os teus caminhos! Jai Radha Madhav Kunj Bihari. Yah Allah Illilah, rahamdil rasoolallah!

O ! Não funciona. O mais importante é que te ligues ao teu Deus. Como é que eu faço isso? Ei, Deus, Deus. Vá lá, vá lá, dá-me uma oportunidade.... (*Jesus, o Senhor Krishna e Alá aparecem em três luzes diferentes ao som de uma flauta, um sino de igreja e um ajan. Neil não repara em nada. De repente, acalma-se e olha para os três que estão à sua frente)* Jesus! Krishna! Alá! Estão todos aqui! Todos juntos! Obrigado por terem vindo tão depressa. Sabes, eu rezei para ti desde que era criança, mas nunca apareceste. Por isso, não pensei que existisses. Ri-me das pessoas que se matam por ti. (*Ele olha para eles e acha que não gostaram do último comentário).* Desculpem, estou um pouco nervoso por vos juntar a todos. Mas a sério, o que pensam dos motins comunitários? Racismo? Direitos dos homossexuais? Feminismo? OK, aqui vai uma pergunta simples para ti: gostas de cachorrinhos ou gatinhos? Lamento fazer-te esta pergunta. Toda a gente diz que tem respostas para tudo, e tem. Lamento. Não duvido do teu conhecimento. Desculpa, estou a divagar, é a primeira vez que falo com Deus. Desculpem, meus deuses. (Então, o que aconteceu? Peço imensa desculpa! Deus, isto é difícil. Bem, porque é que estou aqui? Quero dizer, estou a apreciar esta vista do universo. Mas que sítio é este? Já não estive aqui antes? Parece um sonho. Estarei a sonhar? O quê? (*Deus aponta para uma mancha e um coágulo de sangue na sua camisa, na parte inferior esquerda e na parte superior das costas).* O que é? (*Estremece ao pensar na morte, não tem a certeza se está morto ou a sonhar).* Estarei morto? Isto é o inferno? Isto é o céu? Diz qualquer coisa... Diz qualquer coisa... O quê? (*Vai buscar um pedaço de papel a um frasco e lê-o).* Serei libertado deste lugar se o meu corpo for submetido aos rituais apropriados ou se provar que respeitei pelo menos um princípio moral na minha vida. Só tenho cinco hipóteses de o provar. Só cinco! Muito bem, então!

Então estou morto! Tens a certeza? Claro que tenho a certeza! Tu és Deus! Mas estou aqui contigo, isso é bom, acho eu. Está bem, mas como é que vou tratar do meu funeral? Há alguém na Terra a quem eu possa telefonar? Posso usar o teu telefone? Não, não tens telefone? Meu Deus! (Desculpa! Tem um iPad? Apple? *(Apple cai)* Não é isso, mas um portátil para enviar e-mails. *(Ele senta-se como uma criança bem alimentada. Uma bolha aproxima-se dele.)* Oh! (*Ele olha para o público. Vê muita gente.*) Vejo pessoas em Madison. Agradeço-vos por esta... hmmm... transmissão em direto. (*De repente, olha para o seu corpo morto e suspira.)* Aah! Oh meu Deus, sou eu. Pelo menos há ajuda, na América tudo é rápido. Bem, posso provar que sou uma boa pessoa. Muito bem, então. Alá, eu não fui mimada toda a minha vida. (*Luz vermelha.)* Oh! um colar de ouro! Mas eu tinha sete anos. Não tinha outra hipótese. Tive de dar o colar de ouro a um polícia para poder ver os meus pais mortos antes de se livrarem dos seus corpos.

Os hindus mataram o meu pai muçulmano e os muçulmanos mataram a minha mãe hindu. Eu tinha muito medo. Quando me viram, ficaram confusos". Sinais de duas religiões num rapazinho. Ficaram atónitos. Viram a circuncisão e a tika na minha testa. I

Conseguia recitar o Bhagwad Gita e versos do Corão num só fôlego. Disseram-me que eu era meio hindu e meio muçulmano. Eu tinha medo que cada um deles me matasse metade. Mas, felizmente, a divisão anatómica não era tão fácil para eles como a divisão religiosa. E a regra deles era muito clara: nem sequer podiam matar metade dos seus. Eu era um enigma para eles. Finalmente, retiraram-se e deixaram-me no meio do nada. Eu estava aterrorizado. De repente, apareceu um polícia. Pegou em mim ao colo e começou a afastar-se. Eu murmurei: "Quero ir ter com a minha mãe e o meu pai". Mas quando ele viu o colar de ouro que eu estava a usar, os seus olhos arregalaram-se. Ele disse: "Se me deres esse colar de ouro, podes ir ver os teus pais". Concordei de imediato. Ele podia ter-me perguntado *qualquer coisa* e eu teria dito que sim. Eu era demasiado jovem para compreender o conceito de corrupção. Vá lá, faz isso! Sejam flexíveis! Também se pode perdoar as crianças em tribunal. Não podem? Não é verdade? Está bem, está bem, está bem.

O meu corpo ainda lá está, e ninguém está a olhar para ele. Não há ninguém para o reclamar. Bem, isso é uma merda! Peço desculpa por ter jurado. Há alguma coisa que possam fazer? Podemos contactar o Hospital Madison? Não! Sabem que precisam de atualizar o vosso suporte técnico.

Então, a hipótese número dois. Fui honesto o tempo todo. A maior parte do

tempo! (Bem, eu tentei! Devo ter deturpado a minha filiação religiosa. Quando eu dizia que acreditava em todas as religiões, eles não acreditavam em mim. Pensaram que eu estava a tentar ser mais do que aquilo que era. Diziam que pertencer a tudo era como não pertencer a nada.
Senhor Krishna, o que quero dizer é se eu tinha escolha. O meu pai era muçulmano, a minha mãe era hindu e eu fui criado por um missionário cristão depois de os meus pais terem morrido durante os motins. Pensava que podia fazer rock em qualquer lado, mas estava enganado, não podia fazer rock em lado nenhum. Não era convidado para casamentos, nem meus nem de ninguém, nem para festas e cerimónias. Imaginem só, festejar o Diwali/Natal/Oath sozinho, isso não tem piada nenhuma! Até alugar um apartamento foi um grande desafio. Os meus pedidos ficaram em espera durante muito tempo. Até os assassinos eram mais rápidos a obter autorização do que eu. Um casamento de razão estava fora de questão, quanto mais o amor. Mas os meus dois gatos amavam-me. Oh, meu Deus! As pessoas religiosas são simples. Seguem regras muito simples. Se pertenceres à sua religião, confiam em ti, se não, não confiam. Tratam um casamento inter-religioso como um crime e um filho desse casamento como um erro estúpido. Trataram-me como um erro. Esforcei-me demasiado para que me reconhecessem. Mas eles foram rudes, demasiado rudes. Não aguentei. Simplesmente desisti, mudei-me para outro sítio e comecei a praticar a mesma religião. Mas, *por dentro,* não estava a funcionar. Por isso, tive de fingir que só acreditava na religião maioritária. Quanto ao resto, estou limpo. Isso não conta para nada? Sim, conta! Terceira hipótese: fui generoso (ajudei os pobres. Mas não dei nada a templos, igrejas ou mesquitas. Porque não podia! Vá lá, não me podem castigar por ser pobre. O que é que tu és, um republicano? A tua lógica é circular, nasci numa família demasiado pobre, tive um trabalho de merda, e condenas-me porque não dou dinheiro? Não se pode ordenhar um touro, lamento. Além disso, porque é que a casa de Deus precisa de mais dinheiro? Sabes, os templos indianos podiam pagar todos os empréstimos internacionais do país. Se estão unidos, porque é

que precisam de milhões de templos, igrejas e mesquitas? Sabiam que 100 milhões de pessoas no mundo ainda não têm casa? O universo inteiro pertence-vos. Pergunto-me porque é que precisam de uma mesquita em vez de um templo ou de uma igreja em vez de uma mesquita? Muito bem! Fico-me por aqui. Não tenho mais perguntas. Fazes-me lembrar os diretores das empresas. Eles também não gostam de perguntas. Dizem: "Só fales se tiveres algo de bom para dizer sobre nós. Caso contrário, mantém a boca fechada! Com licença!

Até que enfim! Fazem o meu corpo mexer-se. Deus abençoe a América! Em breve livrar-se-ão de mim e eu serei livre. Não me vão julgar. Sinceramente, estou farta de ser julgada. Oh, não, não vais! Estão a levá-lo para o aeroporto. Estão a levá-lo para o aeroporto. Vão mandá-lo para a Índia. Oh, isto está a demorar uma eternidade. Ai!

Hipótese 4: Tenho sido leal à minha família e a todos vós. Acho que esse é o vencedor. Não! Leal a apenas um de vós! Bem, para mim, isso é um pouco escorregadio. Mas acho que és mais responsável por isso do que eu.

Sabem, *eu não escolhi* os meus pais. Cada um dos meus pais estava obcecado em incutir-me os seus próprios valores religiosos. Lutaram como loucos para deitarem as mãos à minha alma. Não podia acreditar que eram as mesmas pessoas que lutavam em todo o mundo para se casarem. Eu era um campo de batalha permanente para eles; não admira que me sentisse como se estivesse na Faixa de Gaza. Como é que eu podia manter a monogamia religiosa? Não escolhi um orfanato católico, fiquei num. A simpática irmã do orfanato, a quem prefiro chamar mamã, também estava determinada a educar-me para ser um bom rapazinho católico. Estas são as três pessoas que mais amo. Foi difícil negar-lhes algo que deram juntamente com todo o amor, pão e bolo?

Depois cresci, aborreci-me, tornei-me agnóstico e ateu, não necessariamente por esta ordem.

A minha lógica questionava a vossa existência. Tudo sobre as tuas capacidades parecia imaginário. Mas a lógica não negava a vossa importância. Vocês eram estrelas de rock.

em todo o mundo durante gerações. Pertenço a todos vós, mas não posso escolher um de vós. Em criança, acreditava em cada um de vós de igual forma. A vossa presença na minha vida era uma extensão do meu amor pela minha mãe, pelo meu pai e pela minha irmã Angela. Ser leal a qualquer um de vós é como escolher um deles; não é fácil para mim.

O meu corpo está na Índia. É tão rápido, uau! Sinto-me como um relâmpago morto! Estão a tentar encontrar a religião do corpo morto. (Bem, boa sorte a tentar descobrir o que eu não consegui fazer. Oh meu Deus, estão a lutar pelo direito de se livrarem do meu corpo. Sou um pretexto para uma luta religiosa. Tornei-me num dos seus símbolos. É dolorosamente lisonjeiro. Lamento, mas nunca pensei que isto fosse acontecer. Eles estão a lutar por mim como lutam por territórios disputados como Jerusalém e a fronteira de Caxemira. Por favor, tomem uma decisão. Não me parece que consigam.

Senhor Krishna, eu era um filho muito responsável. (Oh! Não consegui desfazer-me dos corpos dos meus pais com os ritos adequados!

Isso não é verdade, Jesus, porque é que *eles tiveram de* sofrer? Estas regras não fazem sentido. Vêem o erro prático das vossas regras? Os vossos julgamentos parecem arbitrários. Alá! Preocupas-te connosco? Consideras-nos como as tuas preciosas criações? (Não te vás embora, diz-me a verdade. Estas perguntas preocupam-te? Tens alguma resposta? Conheces a verdade suprema? Talvez eu esteja a fazer as perguntas erradas? Mas estas são as minhas perguntas sinceras, não estão no vosso currículo escolar? Talvez seja altura de atualizar os vossos manuais escolares? A vida mudou em muitos aspectos desde que escreveu esses livros. Poderiam atualizar também as vossas regras? (As *luzes que representam os deuses estão apagadas.*) Quero dizer, agora não, podem fazê-lo mais tarde. Pergunto-me se foi Deus que nos criou ou nós que criámos os deuses, mas isso não está na minha agenda. (Eu sei que perdi as minhas cinco oportunidades. A vida era um caos. Tentei fazer o bem e falhei miseravelmente. Nos seus livros, há alguma diferença entre alguém que tenta fazer o mal? Se mudares de ideias, sabes onde me encontrar. Porque, raios! Não sei onde o posso encontrar? Mas vou continuar a tentar, uma e outra e outra vez. Porque não tenho medo de falhar! (As *luzes dos deuses apagam-se, depois as luzes do palco apagam-se.)* FIM DA CENA

Capítulo 3 PRODUTIVIDADE E RESPONSABILIDADE

3.1 O prazer de estar em palco

A minha maior alegria é subir ao palco. A minha ligação apaixonada ao teatro começou quando vi um colega de turma atuar em palco e fiquei maravilhado. Vi o poder do palco a transformar um tipo normal num ícone. Penso que, por muito que trabalhe na sala de ensaios, o momento em que actuo em frente a um público toca-me de uma forma muito especial. Sempre que subo ao palco, fico impressionado com a reação do público.

Fiquei impressionado com o que consegui fazer neste projeto. Eu era o escritor, o realizador e o ator. Foi incrível ver as casas cheias. Também fiquei muito contente por ter a oportunidade de falar com os deuses. Assim que vi os três deuses sob a forma de três luzes, concentrei-me neles. Conseguia ouvir os risos e gargalhadas do público, mas isso não era assim tão importante para mim. Permiti-me ignorar completamente o público e concentrar-me nos meus parceiros de palco e no mundo da peça.

3.2 Aquecimento físico e vocal

Para me preparar para a minha atuação, utilizei o exercício de aquecimento de Patsy Rodenberg, que me foi ensinado pela professora de canto da LSU, Stacey Cabaj. É um aquecimento completo do corpo e da voz que o ajuda a obter clareza de discurso, liberdade e apoio para a sua voz. O aquecimento de quinze minutos revitaliza o corpo, a respiração, a voz, o alcance vocal, a ressonância e a articulação. A libertação da tensão nestes músculos ajuda a criar uma voz livre e sustentada. Este aquecimento permitiu-me concentrar-me melhor e deu-me o apoio vocal de que precisava para falar sem esforço. Trabalhei extensivamente com o meu professor de canto para desenvolver um aquecimento adicional e personalizado que se concentra na clareza dos sons da minha voz quando pratico regularmente um dialeto americano simples.

3.3 Discurso

A minha primeira atuação correu muito bem. No que diz respeito à representação, mergulhei completamente na conversa com os deuses e senti-me à vontade. Quanto à criação, o som e a música estavam perfeitamente sincronizados. Trabalhei com soluções técnicas de compromisso 31 como uma tigela pegajosa com folhas que continham mensagens dos deuses, uma luz que me permitia ver telepaticamente e uma luz muito fraca que era suposto ser a luz mágica dos deuses. Não me ajudaram a criar o mundo da peça. Por isso, substituí-as no meu espetáculo por uma taça e uma luz brilhante. Em suma, esta primeira atuação foi uma experiência maravilhosa.

Em geral, não gosto da segunda atuação, e as actuações de graduação não foram exceção. Depois da primeira atuação, ainda me sentia descontraído e alegre, mas no dia seguinte já estava mental e emocionalmente noutro lugar. Durante a segunda atuação, algumas das luzes e da música já não pareciam adequadas aos nossos tempos, mas isso não me perturbou. Consegui ultrapassar a situação. Quando vi a gravação do espetáculo com amigos, eles não notaram quaisquer problemas técnicos.

3.4 Reação

A principal reação que recebi do público foi o sinal de reconhecimento que vi nos seus olhos após a representação. Muitos deles falaram do seu reconhecimento da grande necessidade de explorar os temas da peça; apreciaram-na e agradeceram-me por trabalhar num assunto tão complexo. Alguns membros inteligentes da audiência também comentaram que a peça era sobre a minha procura de identidade pessoal. Os meus amigos também partilharam o seu apreço pela peça. Adoraram a viagem da personagem e as suas lutas únicas. Alguns abraçaram-me com simpatia. Outros agradeceram-me por ter dito o que tinha de ser dito.

Nick Erickson, o meu tutor académico, enviou-me por correio eletrónico este feedback do ponto de vista do corpo docente:

> O espetáculo a solo de Nitin Mane é um olhar cativante sobre o choque de culturas religiosas na vida após a morte, levantando questões eternas sobre a existência e a intervenção dos deuses na humanidade, a

moralidade pessoal na luta pelo respeito dos preceitos religiosos e a vida com lealdades divididas. Uma peça fascinante e cativante (Erickson).

A minha professora de canto e mentora, Stacey Cabaj, escreveu-me o seguinte num e-mail:

> A peça de graduação de Nitin Mane reúne muitas das competências e técnicas que adquiriu durante os seus estudos de pós-graduação na LSU. Reflecte a sua paixão pessoal pela igualdade social e religiosa, o seu interesse pelo drama e o seu gosto pela comédia. Enquanto ele continua a trabalhar na peça, recomenda-se que 32
> Que ele continue a aperfeiçoar as convenções técnicas/conceptuais das respostas de Deus, desenvolva a sua aceitação das circunstâncias dadas e continue a explorar as formas como podemos verdadeiramente viver nelas (Kabaj).

Estou impressionado com o feedback positivo dos meus professores. Nick Erickson foi o primeiro professor com quem falei sobre as minhas ideias para a peça, muito antes de aceitar a oferta para participar no programa. Ele mostrou-se muito interessado e apoiou-me durante todo o processo. A minha professora de canto, Stacey Cabaj, reparou que eu podia utilizar muitas das competências e técnicas que tinha aprendido nas aulas. Concordo que este projeto foi uma grande oportunidade para explorar o meu potencial criativo; pude pôr em prática muitas das técnicas e competências que aprendemos nos estúdios de teatro, voz e movimento. Sinto-me artisticamente responsável por este projeto.

Para além dos comentários dos professores, recebi alguns comentários excelentes por correio eletrónico dos meus amigos e colegas de turma. O meu amigo Waje Nishant enviou-me o seu excelente feedback por correio eletrónico:

> A peça *Man Without a Man*, de Nitin *Manet*, reflecte a natureza humana e a sua confusão quando se trata de praticar várias religiões. A peça

descreve maravilhosamente a complexidade de praticar várias religiões em simultâneo e tentar manter-se fiel a cada uma delas. Cada religião tem as suas próprias regras, alguns 'dos' e alguns 'don'ts'. Estas regras podem ser diferentes para cada religião. Esta anomalia entre as diferentes religiões e as suas práticas conduz inevitavelmente à confusão. Para concluir, diria que *"O Homem Sem"* mostra com humor a dor de um homem que passou a vida a certificar-se de que era fiel a todas as religiões a que pertencia (Vadier).

O meu amigo Waje tinha assistido a várias leituras do meu projeto final antes do espetáculo e estava ansioso por ver a peça. Ele compreendeu muito bem a peça. Depois de ler a peça, falámos de religião e de sociologia. Estas discussões permitiram-me delinear o tema da minha peça.

A minha colega de turma, Caitlin Morrison, enviou-me a sua crítica:

> Fiquei com a impressão de que se dedicou muito a este projeto, por isso foi definitivamente divertido e sincero. Gostei do humor que se fez sentir durante todo o processo e gostei muito do conceito e da ideia de falar com três pessoas diferentes. Penso que podias ter sido um pouco mais específico na
>
> relação com cada um deles. Parece interagir com os três da mesma forma, e penso que havia espaço para explorar mais algumas diferenças. Penso que poderia descrever com um pouco mais de precisão como é esse lugar no purgatório. Talvez uma sala de espera de uma repartição de licenças ou dos correios? Um lugar que reflicta o tédio e a monotonia com que se vai deparar indefinidamente. Penso que isso lhe daria a liberdade de responder às perguntas de uma forma um pouco diferente. Tive a impressão de que se iria perder um pouco neste espaço. No que diz respeito à estrutura, penso que as cinco perguntas estão muito bem feitas. No entanto, penso que poderia ter formulado a sua tática de forma mais clara. O objetivo pareceu-me claro, mas fiquei com a impressão de

> que estava a limitar-se a uma única tática. Se falhares em todas as perguntas, a parada deve aumentar e o teu desespero para encontrar uma saída deve aumentar. No geral, gostei muito do teu programa. A tua relação com os teus pais e a tua frustração com as "regras" comoveram-me muito. Penso que este trabalho tem potencial para ser muito bom e aguardo com expetativa as suas futuras encarnações (Morrison).

Caitlin Morrison esteve muito envolvida no processo de criação das exposições individuais para cada membro do conjunto do MFA. Apreciei o seu feedback pormenorizado. Apreciei o seu feedback durante a escrita desta peça, que me inspirou a explorar diferentes possibilidades para a personagem. Nos seus comentários, sugeriu que eu interagisse de forma diferente com cada divindade. Quando encenei a peça pela primeira vez, evitei fazê-lo, porque estava a tentar transmitir a ideia de que Deus é abstrato. Mas para responder à sua pergunta: estou preparado para acreditar que o deus de cada religião é único e que as pessoas dessa religião seguem um conjunto único de acções rituais quando interagem com os seus deuses. Por isso, seria mais apropriado tratar cada deus de forma diferente. Também gostaria de trabalhar na sua segunda proposta - usar tácticas diferentes para responder a perguntas sucessivas.

Outra colega de turma, Cara Reid, escreveu-me:

> Achei que o seu artigo era uma exploração interessante das consequências de seguir as ideias convencionais da sociedade sobre a religião. O mundo ensina-nos que temos de seguir certas regras para chegarmos onde queremos, enquanto a religião, em particular, é tão individualizada que não há possibilidade de seguir as leis de toda a gente. Tratava-se de personalização e da questão existencial de como encontrar o nosso próprio mundo em nós próprios e nas nossas crenças fundamentais (Reid).

Apreciei muito a crítica temática de Kara Reid. Ela tentou captar a essência da minha peça em poucas palavras e deu uma descrição muito honesta do que a peça significava para ela.

O meu amigo e estudante de teatro Fadirepo Simisola enviou-me a sua crítica:

> Tendo em conta as numerosas atrocidades que continuam a ser cometidas em nome da religião, a peça constitui uma reflexão necessária sobre o problema do extremismo religioso. Ao examinar as principais religiões organizadas do mundo, a peça mostra as consequências do fundamentalismo religioso não só a nível pessoal, mas também a nível social. Esta visão equilibrada é importante porque a sociedade nunca existiu no vácuo - é composta por pessoas diferentes e o que afecta o indivíduo é suscetível de ter repercussões na sociedade como um todo. Aguardo com expetativa o resto da peça ao fim da tarde, e talvez nessa altura o autor possa apresentar algumas sugestões para domar este monstro com cabeça de hidra (Fadirepo).

O meu douto amigo Fadirepo fez algumas observações muito interessantes. Lembro-me de que ele e eu estivemos envolvidos em várias discussões sobre a desigualdade social na altura em que eu estava a escrever este artigo. Congratulo-me com o facto de ele ter sido capaz de compreender e comentar as consequências microscópicas e macroscópicas do extremismo religioso.

Outra amiga minha, que também estuda no departamento de teatro da LSU, Sarah Christian, enviou-me a sua crítica:

> A mistura de momentos ligeiros e difíceis foi bem equilibrada e bem recebida pelo público. A sua relação com o público foi evoluindo ao longo da história, e a ligação foi-se fortalecendo a cada desafio que fazia aos deuses. Apesar do peso do tema, o tom geral foi bastante leve e lúdico. Dadas as circunstâncias em que a personagem se encontra num estado limite, foi bom ver tanto o ator como ele próprio a correr riscos (Christian).

Sarah Christian fez algumas observações muito boas do ponto de vista do público. Muitos membros do público fizeram comentários semelhantes após a primeira e a segunda actuações.

O feedback tem sido geralmente positivo, com muitos dos meus amigos e do público a dizerem-me que devia transformar este monólogo num espetáculo de uma hora. Isso diz muito sobre a minha formação na LSU. Aprendi muitas técnicas de teatro, voz, movimento, canto, dança e escrita de peças. Aqui estão alguns dos destaques do programa que influenciaram diretamente a minha abordagem e as técnicas de atuação para o meu trabalho de fim de curso. No Drama Studio II, aprendemos a técnica Meisner. Este foi, de longe, o estúdio de teatro mais útil para mim. A técnica Meisner ajuda o ator a viver verdadeiramente as circunstâncias. A ênfase está em viver, não em estar vivo.

O desempenho, o carácter é uma mudança técnica importante. O conceito de segundo círculo, tal como definido por Patsy Rodenburg, é muito útil. Ajuda-o a ouvir realmente e a reagir naturalmente. Ajuda o ator a falar com o seu parceiro de cena e não para ele, reduzindo assim a representação. Esta abordagem foi-me muito útil para estabelecer uma ligação com os deuses e falar realmente com eles. A aplicação da técnica Meisner ajudou-me a viver realmente, mesmo neste país imaginário.

No Drama Studio III, concentrámo-nos nos estilos da época. Embora tenha sido emocionante trabalhar com textos tão ricos, o mais importante foi dominar o método de análise estrutural do monólogo, o que me ajudou a desenvolver e apresentar o monólogo na minha dissertação.

No estúdio de movimento, para além do treino corporal e da flexibilidade, aprendemos muitas abordagens físicas para encarnar personagens. Entre a variedade de abordagens, achei o diagrama de movimento de Laban, a mímica, a improvisação e o trabalho com máscaras particularmente úteis. Estes estudos ajudaram-me a entrar na pele da minha personagem. Também improvisei partes do meu monólogo no Estúdio de

Movimento, o que me deu o feedback de que tanto necessitava.

Os nossos estúdios de canto deram-me os meios para aquecer o meu aparelho vocal e corporal, de modo a poder falar livremente e com apoio. Aprendi a estar no segundo círculo com o meu parceiro de cena, o que significa que posso realmente interagir com ele em vez de gritar com ele ou resmungar. Trabalhar o dialeto e compreender o alfabeto fonético internacional melhorou as minhas capacidades de escuta. Esta ferramenta é-me muito útil para praticar até o dialeto americano neutro. Graças à precisão com que trabalhei o dialeto, serei capaz de interpretar diferentes personagens com diferentes sotaques e culturas no futuro. Para concluir, diria que as técnicas que aprendi em diferentes estúdios enriqueceram a minha experiência artística em palco.

Usando diferentes técnicas que aprendi durante o programa de teatro do M.F.A. na LSUna LSU ajudou-me a criar esta maravilhosa produção. Os elementos que aprendiOs elementos que aprendi em cada estúdio deram uma contribuição única. As técnicas que aprendi no Estúdio de Movimento.O Estúdio de Movimento ajudou-me a explorar a fisicalidade da personagem. As técnicas que aprendi noAs técnicas que aprendi no Estúdio de Canto ajudaram-me a ter uma voz totalmente sustentada, a falar claramente e a atuar com facilidade. As técnicas que aprendi no estúdio de teatro ajudaram-me a agir com verdade para atingir um objetivo, a enfrentar obstáculos e a viver com verdade as circunstâncias. A combinação do trabalho prático de inventar, escrever, ensaiar e representar o meu monólogo e a aplicação das técnicas que aprendi durante os meus estudos básicos ajudaram-me a criar este desempenho a solo significativo.

Capítulo 4 LIGAÇÕES FUTURAS

4.1 A importância do trabalho com diploma para o meu desenvolvimento como artista de teatro

A coisa mais importante que aprendi com esta experiência foi desenvolver uma abordagem disciplinada para criar o meu próprio trabalho. Sempre acreditei que o teatro é uma forma de arte colaborativa e que muitos artistas devem estar envolvidos na sua criação. No entanto, esta experiência fez-me perceber que podia criar peças como um artista independente. Gostei da liberdade de criar uma peça em que as minhas experiências foram integradas. Vejo-a também como o primeiro passo para o meu próprio estilo de escrita de peças. Deu-me a oportunidade de ser um artista de teatro e um precursor da mudança social.

Ao trabalhar num espetáculo a solo, também cresci como dramaturgo. A escrita criativa é um processo muito interessante e gratificante. Comecei o meu processo com um tema forte. Continuei a pesquisar para descobrir os pormenores históricos e filosóficos ligados ao tema. Escrevi uma história de fundo fictícia. O enredo da minha peça mudou duas vezes, mas a personagem principal e a sua busca de identidade permaneceram as mesmas. Não me arrependo de ter escrito os primeiros rascunhos porque me prepararam para o rascunho final. Enquanto estava a escrever os primeiros rascunhos, criei uma voz para a minha personagem principal. Os primeiros esboços ajudaram a consolidar a história de fundo. Li autores de peças indo-americanas para estudar as suas escolhas de forma, estilo e tema. Também observei a sua utilização da linguagem e a escolha de palavras. Compreender o processo criativo de escrever uma peça deu-me uma base para o meu monólogo. Com base na minha pesquisa, criei um esboço para a peça com base neste enquadramento. Quando o esquema ficou completo, foi fácil escrever o monólogo. Depois, trabalhei na clareza e na simplicidade sob a orientação de colegas e professores.

Durante a representação deste monólogo dramático, os meus estudos de base funcionaram a meu favor. O tema da peça impressionou-me. Dada a natureza das questões levantadas pela peça, era fácil perder-me nela. Mas apercebi-me de que já tinha uma análise detalhada das personagens. As condições de vida das personagens são claras como cristal para mim, sob a forma de pesquisa escrita e rascunhos não utilizados. Conheço os objectivos de Neil, a sua relação com os deuses, os obstáculos e as razões das suas acções imediatas. Estas circunstâncias determinam as minhas acções na peça. Foi assim que o meu monólogo se tornou num puro exercício Meisner para mim. Depois apercebi-me que tinha de usar as minhas palavras ou as minhas acções para obter o que queria dos deuses. Se eles dissessem não, tinha de mudar de tática ou esforçar-me mais. Era a única coisa que tinha de fazer. De facto, a formação no estúdio de teatro foi útil para tornar a minha interpretação credível. O treino no Estúdio de Movimento ajudou-me a encarnar fisicamente a personagem. Ao fazer diferentes exercícios de movimento com base no desenvolvimento da nossa tese, aprendi pormenores físicos como o centro de orientação do corpo, a marcha, a postura e os gestos da personagem. O exercício da máscara permitiu-me entrar na pele desta personagem. Trabalhar no estúdio de gravação ajudou-me a melhorar a clareza da minha voz. Queria que a minha linguagem soasse nativa para um público americano. O meu treino no estúdio de canto e as minhas aulas de canto foram constantemente orientados para melhorar a minha clareza vocal e adquirir um dialeto americano básico que seria útil quando actuasse em teatros americanos.

Este projeto é muito importante para mim. É um tema que me preocupa há muito tempo. O problema do fundamentalismo religioso, do terrorismo e da islamofobia é muito atual. Para mim, enquanto artista de teatro, este assunto é importante porque me assusta e preocupa as pessoas à minha volta. A religião e a sua importância para a sociedade humana têm de ser compreendidas e discutidas objetivamente. Espero que a minha peça encoraje as pessoas a discutir a religião e a vê-la sob uma luz diferente. Estou grato pela formação que recebi no programa de Mestrado em Teatro da LSU, pois ajudou-me a atingir o meu objetivo de me tornar um artista de teatro socialmente consciente.

4.2 Futuro

Vou transformar este pequeno monólogo numa peça de uma hora. Tenho algumas ideias sobre a forma de o conseguir. Na minha opinião, há três possibilidades: posso acrescentar perguntas ao julgamento, expandir as respostas às perguntas existentes ou fazer perguntas aos deuses no início da peça. Vou usar todas estas estratégias para expandir o guião. Quero envolver os deuses numa conversa sobre a religião e os deuses. Por isso, vou fazer-lhes perguntas sobre as suas origens e os seus deveres para com a humanidade. Não estou a olhar para a expansão apenas do ponto de vista da duração, mas vou explorar este assunto com mais profundidade na próxima iteração. Gostaria de introduzir uma discussão sobre a criação de Deus e da religião, que tive de deixar de fora desta encarnação devido ao limite de tempo. Depois de ter criado uma nova versão desta peça, gostaria de a apresentar em vários festivais Fringe na Bélgica e no estrangeiro. Tenciono fazer pelo menos um espetáculo a solo por ano durante os próximos cinco anos, de modo a estabelecer-me como artista independente. Estou interessado em criar arte que seja relevante para o mundo moderno e acredito firmemente que o teatro pode ser uma ferramenta poderosa para a mudança social.

Armado com as novas ferramentas e técnicas que aprendi no programa de teatro do MFA, sinto-me capaz de criar arte que fala comigo. Sinto-me abençoado por ter tido a oportunidade de exprimir a minha crescente consciência da humanidade através da forma teatral. Posso criar arte que me inspira, que me faz sentir melhor como ser humano e que me permite exprimir a minha humanidade. Nos próximos cinco anos, quero explorar oportunidades para me desenvolver como artista de teatro independente. Estou muito grato ao Programa de Drama M.F.A. da LSU por me permitir tornar-me um artista independente e realizado."

Literatura

Roy, Babul. "Compreender a diversidade sociológica da Índia, a unidade na diversidade e o sistema de castas no contexto do modelo de conservação global". www.academia.edu/1236010/Understanding_Indias_sociological_diversity_unAcademia.edu - Share Research, International Journal of Sociology and Anthropology, 31 out. 2011, ity_in_diversity _and_caste_system_in_contextualizing_a_global_conservation_model. Acedido em 19 Fev. 2017.

Euba, Femi. Poetics of the creative process: an organic playwriting workshop [Poética do processo criativo: um workshop de escrita de peças orgânicas]. Lanham, MD, University Press of America, 2005.

Mark, Joshua J. "Religião no Mundo Antigo". *Enciclopédia de História Antiga*. <N.p., 02 set. 2009, Web. http://www.ancient.eu/religion/>. Acedido em 12 Fev. 2017.

Olson, Eric T. "Identidade pessoal". *The Standford Encyclopedia of philosophy*. 2016,< https://plato.stanford.edu/entries/identity-personal/>. Acessado em 4 de fevereiro de 2017.

Tajfel, H. & Turner, J. C. "An integrative theory of intergroup conflict" [Uma teoria integrativa do conflito intergrupal]. <*The Social Psychology of Intergroup Relations ?* 1979, http://www.ark143.org/wordpress2/wp-content/uploads/2013/05/Tajfel- Turner-1979-An-Integrative-Theory-of-Intergroup-Conflict.pdf>. Acedido em 05 de fevereiro de 2017.

Wrenn, Chase B. "Identidade pessoal". n.d. <*The Internet Encyclopedia of Philosophy*. http://www.iep.utm.edu/person-i/>. Acedido em 04 de fevereiro de 2017.

Hagen, Uta et al. *Respect for Action (Respeito pela Ação)*. Hoboken, John Wiley & Sons, Inc. 2008.

Merson, Susan. "Porquê atuar a solo?" Your Name Here: an Ator and Writer's Guide to Solo Performance, Star Publish, Nevada, 2004, pp. 9-13.

Wright, Doug. I am my own wife. Nova Iorque, Dramatists Play Service, 2005.

Lane, Eric e Nina Shengold. "Full-length plays - Sakin's Restorer. Talk to Me: Monologue Plays, Vintage Books, Nova Iorque, 2004, pp. 41-74.

Bruno, Sean e Luke Dixon. Creating solo performance. Abingdon, Oxon, Routledge, 2015.

Erickson, Nick. Recebido por Nitin Mane, 19 de fevereiro de 2017.

Kabbage, Stacey. Recebido por Nitin Mane, 19 de fevereiro de 2017.

Morrison, Caitlin. Recebido por Nitin Mane, 20 de fevereiro de 2017.

Reid, Cara. Acedido por Nitin Mane, 21 de fevereiro de 2017.

Fadirepo, Simisola. Recebido por Nitin Mane, 21 de fevereiro de 2017.

Christian, Sarah. Recebido por Nitin Mane, 26 de fevereiro de 2017.

Waje, Nishant. "The Man Without". Adotado por Nitin Mane, "The Man Without", 28 fevereiro de 2017.

MIX
Papier aus verantwortungsvollen Quellen
Paper from responsible sources
FSC® C105338

Printed by Books on Demand GmbH, Norderstedt / Germany